TAPETENWECHSEL
Mehr Lust auf Wohnen

Gerd Ohlhauser und Axel Venn

Danksagung

Wir danken Susanne Jäger für die Idee zu diesem Buch. Durch ihre Anregung haben wir die wunderbare Welt der Tapeten wiederentdeckt. Wir danken allen Tapetenherstellern, die uns spontan und großzügig mit ihren aktuellen Kollektionen versorgt haben und uns ihre Archive öffneten. Allen voran danken wir Ralf Boßeler, Agnes Ehrhard, Michael Freiberger, Jörn Kämper, Andre Nowack und Gerald Schäfer. Ebenso danken wir Roland Skibbe, der uns die Abbildungen der Tapetenwerkzeuge zur Verfügung stellte.

Last but not least bedanken wir uns bei den Machern des Buches. Während Sonja Hartmann und Sandra Mück das Layout für mehr Lust auf Wohnen schufen, hat Theo Nonnen in den Bergen von Tapeten die Übersicht behalten. Was Julia Frisch nicht mit dem Scanner erfassen konnte, hat Christoph Hess meisterlich fotografiert. Ihnen und auch denen, die ungenannt blieben, gilt unser herzlichster Dank.

Die Deutsche Bibliothek – CIP-Einheitsaufnahme
Ein Titeldatensatz für diese Publikation ist bei
Der Deutschen Bibliothek erhältlich

Layout und Gestaltung

Bohm und Nonnen:
Sonja Hartmann, Sandra Mück, Theo Nonnen

Papier

Euroart-matt 150g

Druck

Merziger Druckerei und Verlag GmbH

Bindung

Buchwerk, Darmstadt

Printed in Germany
ISBN 3-935731-21-3

TAPETENWECHSEL
Mehr Lust auf Wohnen

Gerd Ohlhauser und Axel Venn

Gollenstein

Vorwort

Im Rahmen der Reihe „Einrichten mit Hornbach“ haben wir uns diesmal dem Thema der Wandbekleidung gewidmet. Am Anfang stand eine riesengroße Überraschung, eigentlich waren es zwei. Die erste: Es gibt eine so große Auswahl an Tapeten und Bordüren mit so unendlich vielen kreativen Gestaltungsmöglichkeiten, wie wir es uns niemals hätten träumen lassen. Die zweite: Die Designs und Farben haben ein solch hohes gestalterisches Niveau, dass wir uns fragten, wie wir die ganze Zeit so blind sein konnten. Bei dieser Qualität der Tapeten sind wir davon überzeugt, dass den Wänden beim Einrichten in Zukunft wieder mehr Gewicht beigemessen werden wird. Farben, Strukturen, Minimal-Designs, aber auch Blumenmotive, Streifen, Karos und Rauten werden eine Renaissance erleben.

Das Ornament und das Dekorative werden wieder Einzug in unsere Wohnwelten finden. Wir sehnen uns nach Bildern, nach Farben und sinnlichen Seherlebnissen. Die reine Funktionalität des Wohnens – die Küche als Labor, das Bad als Reinigungsanstalt, das Wohnzimmer als Empfang – wird einer Emotionalität des Wohlfühlens in unseren vier Wänden weichen.

Das Leben zu Hause sollte werden wie Urlaub, Urlaub zu Hause. Wohlbefinden fängt zu Hause an. Es ist der wichtigste Ort für unsere seelische Fitness. Denn emotionale Wellness kann man nicht mit einer Zehner-Karte im Studio kaufen. Seelengymnastik treibt man zu Hause. Bei gedämpftem Licht, in kuscheligen Sesseln und Sofas, mit guten Gesprächen, leckeren Weinen und verbotenen Snacks, in einem komfortablen Ambiente mit Bildern, Blumen und warmtonigen Wänden. Wenn Holzscheite knackend im Ofen oder flammend im Kamin verbrennen, bei leiser Hintergrundmusik, wissen wir, wie schön Wohnen sein kann.

Wir haben nicht nur die schönen und schönsten Tapeten für Sie zusammengestellt, sondern auch ihre Atmosphäre einzufangen versucht. Es wäre schön, wenn wir Ihnen damit mehr Lust auf Wohnen machen könnten.

Wie schön auch Kinderwohnen sein kann, zeigen wir in "Paulas Wunderwelt - Meine schöne Kinderstube" in der gleichen Reihe.

G. Ohlhauser A. Venn

Inhaltsverzeichnis

Die Kunst der Tapete

Ein Streifzug durch die Geschichte des Tapetendesigns

Die Tapete ist aus der Mode gekommen, heißt es. Falsch, Sinnlichkeit ist aus der Mode gekommen. Aber alles spricht dafür, dass das Pendel wieder zurückschlägt. Es wäre ja auch kein gutes Zeichen für unsere Zeit, wenn die klassische Mustertapete aussterben würde und nur noch nüchterne Rauhfaserstrukturen die Wände bedeckten. Denn Tapeten gehörten immer, genauso wie Dekorations- und Polsterstoffe zu den hochwertigen Kulturgütern. Sie stehen in der großen Tradition der Wandmalerei, deren älteste Zeugnisse der Höhlenmalerei bis in die Frühzeit der Menschheitsgeschichte zurückreichen. Und sie setzen geradewegs die großartige Kunst des Mosaiks, des Freskos und des Wandteppichs fort.

Die großen Künstler der Renaissance Michelangelo, Leonardo da Vinci, Tintoretto, Veronese, Tizian, sie alle gestalteten Wände, ja ganze Räume mit der gleichen Hingabe und Meisterschaft wie Gemälde und Skulpturen. Die Dekoration der Wand war für sie Teil eines ganzheitlichen Raumkonzepts. Selbst Albrecht Dürer, berühmt vor allem für seine Zeichnungen und Druckgrafiken, hat Wände gestaltet. Selbst dann noch, als es der technische Fortschritt ermöglichte, Dekorationsstoffe und Tapeten industriell herzustellen, blieb die Wanddekoration eine Domäne der Kunst.

Tapeten- und Stoffdesign sind die beiden Urdisziplinen des Industrial-Designs. Aber auch die ersten Designer wie William Morris (1834–1896) verstanden sich noch als Künstler. Und wenn es um die Tapete geht, ist das bis heute so geblieben. Als vor wenigen Jahren die Tapetenfabrik Rasch alle großen Designer aufrief, Tapeten für unsere Zeit zu entwerfen, entstanden ausschließlich Kunstwerke. Umgekehrt reizt es bis heute alle großen Künstler, sich als Tapetendesigner zu versuchen. Entscheidendes Motiv ist dabei immer die dekorative und raumgestaltende Funktion der Tapete. Dies hat ihr bis heute höchste künstlerische Qualität verliehen. Das moderne Tapetendesign bewahrt diese Tradition nicht

Edward Burne-Jones und William Morris
Entwurf für die Tapete "Meerjungfrau", ca. 1880

nur, sondern ist dank neuer technischer Möglichkeiten zu bisher unübertroffener dekorativer Meisterschaft gelangt.

Wir laden Sie ein zu einem Streifzug durch die Geschichte des Tapetendesigns seit seinem Beginn mit William Morris Mitte des 19. Jahrhunderts. Wir haben für Sie einige der schönsten Tapeten, von denen nicht wenige in die Kunstsammlungen der renommiertesten Museen aufgenommen wurden, ausgesucht. Lassen Sie sich von der wunderbaren Welt der Tapeten verzaubern. Lassen Sie Ihre Sinne berauschen und sich wieder Lust machen auf schöne Wände.

William Morris, der als Begründer des Design gilt und viele Tapeten gezeichnet hat (Abb. S. 6/7), die heute in Museen gezeigt werden, hat gerne auf Ausstattungselemente unterschiedlicher Epochen zurückgegriffen und sie bewusst miteinander vermischt. Eine Methode, die man heute als Sampling oder Crashing bezeichnen würde. Aber er erfand auch das Einrichten "aus einer Hand". Wenn er Wohnungen, Schlösser oder Staatsgebäude ausstattete, kümmerte er sich um die gesamte Innenarchitektur bis ins kleinste Detail. Möbel, Leuchten, Kamine, Stoffe usw. entwarf er immer auf dem Hintergrund seiner Tapeten. Die Tapete gab das Thema vor und hielt alles zusammen.

Wie gesagt, Tapeten- und Stoffdesign sind die beiden Urdisziplinen des Industrial-Designs. Das Drucken der Tapeten wurde Mitte des 19. Jahrhunderts erstmalig industriell organisiert und voll mechanisiert. Zuvor waren sie handwerklich oder manufakturiell produziert worden.

Die Maler, Zeichner und Architekten, die Tapeten entwarfen, waren in der industriellen Pionierzeit bei der technischen Umsetzung ihrer Ideen noch mit erheblichen Begrenzungen konfrontiert. Nicht immer ließ sich die gewünschte Farbvorstellung realisieren, nicht immer war das Material, die jeweilige Papiersorte, die als Druckgrund für die Tapeten diente, für das Muster geeignet.

Ihre Arbeit umschrieb man damals mit dem Begriff "Angewandte Kunst". Sie war nicht grenzenlos frei wie die Malerei, sondern hatte neben einer ästhetisch-gestalterischen Aufgabe Funktionen zu erfüllen. Tapeten mussten unansehnliche, ungeputzte Wandgründe bedecken, Komfortwünsche befriedigen, Gemütlichkeit schaffen und Dekorations- und somit Repräsentationsaufgaben übernehmen. Die Aussagekraft der Tapete steht immer im Spannungsfeld zwischen hoher Prägnanz, also auffallender Musterung, kräftiger Farbigkeit und – wie William Morris es formulierte – "bedeutungsvoller Ruhe".

Im Zentrum der Gestaltung der zweiten Hälfte des 19. Jahrhunderts, in der die Künstlertapete höchstes Ansehen genoss, stand zweifelsohne das dekorative, schmückende und verschönernde Ornament. Gotische, aus der Renaissance und dem Barock stammende Dekorelemente wurden neben jenen aus fernen Kulturen, wie Ägypten und China verarbeitet.

Nach William Morris, der stilreinigend mit seinen Entwürfen eine eigenständige, sehr florale, künstlerische und fantasievolle Ausdrucksweise verfolgte, kommen u.a. Walter Crane (1845 – 1945), C.F.A. Voysey (1857 – 1941) (Abb. rechts). Mit ihren Entwürfen wird die neue Kunst des Jugendstils eingeleitet und begleitet.

Wunderschöne Entwürfe gibt es von dem Maler Maurice Denis (1870 – 1932), die noch aus den letzten Jahren des 19. Jahrhunderts stammen (Abb. rechts). Sie sind voller Poesie und pastellig, und sie nehmen neben floralen, faunische und technische Elemente auf. So die Entwürfe "Die Tauben" und "Züge", aber auch "Die Mädchen" aus dem Jahre 1893. Von Walter Leistikow (1865 – 1908) stammt die Tapete "Wildschwäne" von etwa 1900.

C.F.A. Voysey
Tapetenentwurf "Isis", ca. 1893

Auf die bewegten und häufig exzessiv verschlankten, rankigen, dekorativen Muster des Jugendstils folgen die einfacheren, reduzierten und von allem "Überflüssigen" gereinigten Bilder und Tapetenentwürfe der Werkbundbewegung. Formale Zurückhaltung, Stilreinheit und der Hang zu klaren Strukturen und geometrischen Figurationen sind charakteristisch für diese Zeit.

Koloman Moser (1868 - 1918), Josef Hofmann (1866 - 1956) (Abb. unten) und Charles Remie Mackintosch (1868 - 1928) haben großartige Tapeten des "Einfachen" und "Kleingemusterten" gezeichnet, die wir noch heute als zeitgemäß betrachten. Auch der Maler Peter Behrens (1868 - 1940) (Abb. rechts) gestaltete neben Industrieprodukten für die AEG Tapeten. So das elegante "Pfauen" Muster.

Berühmt wurden die Bauhaus Tapeten, die ab 1929 bei Gebr. Rasch & Co., Bramsche, produziert wurden. Bezeichnenderweise wurden die ersten Tapetenmotive in der Abteilung für Wandmalerein entwickelt. Sie waren fein texturiert bis strukturiert angelegt. Noch heute werden Bauhaustapeten in ähnlichen Mustern und Farben nach Entwürfen von Gropius, wie sie im Berliner Bauhaus Archiv aufbewahrt werden, hergestellt.

Der berühmte Architekt und Maler Le Corbusier (1887 - 1965) propagierte die Abkehr vom Kubismus, den er zu dekorativ fand. Für seine "Wohnmaschine" (machine à habités) predigte er Reinheit der Architektur und Einrichtung. Seine Tapetenentwürfe zeigten, was er darunter verstand. Sie waren grafisch klotzig dessiniert, aber dennoch von subtiler farbiger Reinheit.

Josef Hoffmann
Tapete "Jagdfalke", 1910-1911

Peter Behrens
Tapete "Pfau", ca. 1900

Raoul Dufy
"30 ans ou la vie en rose", Öl auf Leinwand, 1931

Rene Margritte
La Golconde", Öl auf Leinwand, 1953, 80 x 100 cm

Im Art Deco entstanden herrliche Tapeten von Raoul Dufy (1877 – 1953) (Abb. oben), Emilie Laboureur (1877 – 1943), Sonia Delaunay (1885 – 1975), Edouard Bénédictus (1878 – 1930) (Abb. rechts) und Jean Lurçat (1892 – 1966) (Abb. rechts). Die Welt des Art Déco war ausgelassen und farbenfroh. Lebensfreude paarte sich mit metropolitanem Glamour. Die in Farbe und Duktus spannungsreichen Tapetenmuster nutzten exklusive folkloristische Versatzstücke. So sind mexikanische, aber auch ägyptische und asiatische, seltener afrikanische Stilelemente unverkennbar.

René Magritte (1898 – 1967) (Abb. links) hat vor seiner Zeit als surrealistischer Maler als Musterzeichner in einer Tapetenfabrik gearbeitet. Bei manchen seiner Bilder scheint es, als habe er die für die Tapete typische Flächigkeit und Rapportierung von Figuren in seine Kunst hinübergerettet.

Edouard Bénédictus
2 Muster auf Tafel 13 des
Albums "Relais", 1930

Jean Lucrat
Tapete "Les Mazeraies,
ca. 1924

In den Jahren nach dem Zweiten Weltkrieg haben zahlreiche Künstler das Rapporthafte der Massenproduktion, die Wiederholung des immer Gleichen, somit das ureigentliche Prinzip der Tapete, als eigenständiges künstlerisches Prinzip entdeckt. Bei Andy Warhol erscheint dasselbe Sujet nicht nur einmal, sondern beliebig vervielfacht, allenfalls farblich abgewandelt.

Henry Matisse
"Der Wellensittich und die Meerjungfrau"
Gouache auf Papier, Papierschnitt, 337 x 768 cm, 1952

Teilweise ungewöhnliche, aber anregende Beispiele papierener Wandgestaltung zeigen die Künstler Alexander Calder (1898 - 1976) (Abb. rechts), Jean Tinguely (1925-1991) (Abb. S. 14/15), Henri Matisse (1869 - 1954) (Abb. oben), Jean Miró (1893 - 1983) und wiederum der Allround Artist Andy Warhol (1928-1978) mit seiner Kuh-Tapete von 1966 und der Mao-Tapete von 1974. Bei einer seiner Ausstellungen hängte Andy Warhol Blumenbilder über die Kuhtapete, ein anderes mal Mao-Porträts über die bereits auf die Tapete gedruckten.

Shinkichi Tajiris Tapete „Paris" lebt von dem für ihn typischen filigranen Strich und der ironisch aufs Korn genommenen Architektur. Als Vorbilder holte er sich gerne Szenen aus Paris: Notre Dame, Arc de Triomphe und Quartier Latin. Berühmte, ebenso feinstrichig gezeichnete Tapeten entwarfen die Textilkünstler und Illustratoren Thea Ernst und Bele Bachem. Tajiri, Ernst und Bachem schufen damit den für die 50er Jahre typischen karikaturhaften Zeichenstil (Abb. S. 18).

Salvador Dali (1904 - 1989) (Abb. S.18), der unübertroffene Meister des Surrealismus, schuf um 1959 seine einzige Tapete für die Gebr. Rasch. Sie ist ebenfalls voller Leichtigkeit und dabei von berückender, erzählerischer Eleganz. Die Tapete trägt den Titel "Cervantes", "Don Quixote" und "Das goldene Zeitalter", denn tatsächlich wird die Szene aus "Don Quixote" dargestellt, in der er von Ziegenhirten gastfreundlich empfangen wird.

Alexander Calder
Tapete "Splotchy", 1949

Jean Tinguely
Tapete "Vive la liberté"
Marburger Tapetenfabrik, 1972

Bele Bachem
Tapete "Wirtshaus im Spessart"
Gebr. Rasch, 1958
(Abb. links)

Salvador Dali
Tapete "Cervantes" oder "Don Quixote" oder "Das Goldene Zeitalter"
Gebr. Rasch, ca. 1960
(Abb. rechts)

Shinkichi Tajiri
Tapete "Paris"
Gebr. Rasch, 1952
(Abb. links)

Thea Ernst
Tapete "Robinson"
Gebr. Rasch, 1950
(Abb. rechts)

Niki de Saint Phalle
Tapete "Nana"
Marburger Tapetenfabrik, 1972

Niki de Saint Phalle (geb. 1930) gab bei der Marburger Tapetenfabrik mit "Nana" (Abb. S.19) 1972 eine farbige Kindertapete heraus. Ebenfalls 1972 erschien bei der Marburger Tapetenfabrik "Die glückliche Kuh" von Otmar Alt (geb. 1940). Beide Tapeten sind farbintensiv und großflächig und präsentieren die heitere Welt vergnüglichen Wohnens.

Anfang der 1990er Jahre entwickelte die Tapetenfabrik Rasch in Zusammenarbeit mit international renommierten Designern und Architekten sowie den Protagonisten des Neuen Deutschen Designs die Kollektion „Zeitwände". Die Tapeten von Allessandro Medini (Abb. rechts), Nathalie Du Pasquier, Borek Sipek, Ettore Sottsass, George J. Sowden, Mattheo Thun, Ginbande, Wolfgang Laubersheimer usw. wurden schon kurze Zeit später, 1992, als herausragendes Dokument des Zeitgeistes im Deutschen Tapetenmuseum in Kassel ausgestellt.

Die Künstler, die sich mit der Tapete, ihrer Funktionalität und gestalterischen Wirkung beschäftigten, haben die kreative Auseinandersetzung mit diesem Einrichtungsprodukt wohl immer als einen weiteren Aspekt ihrer künstlerischen Tätigkeit betrachtet. Wenn sie sich ihr näherten, waren sie bestrebt, ihrem Kunstverständnis neue, über das Kunsthandwerkliche hinaus gehende, formale Inhalte zu vermitteln. So sind Künstlertapeten immer zugleich Experiment und Beispiel für Produktinnovation. Dies mag der Grund sein, warum viele von ihnen zu Tapeten-Klassikern wurden, die außerhalb jeder Mode- und Stilrichtung zu stehen scheinen.

Wenn man sich die Möglichkeiten der Tapete anschaut, wenn man sich die hohe künstlerische Qualität heutiger Tapeten betrachtet, versteht man, warum sie immer schon die Fantasie der Künstler angeregt hat. Es ist die Kunst der Tapete.

Alessandro Mendini
Tapete "Luna"
Gebr. Rasch, 1992

Raumgestaltung mit Tapeten ...

Rein weiße Wände wirken meist kalt und verbreiten eine unpersönliche Raumatmosphäre. Haben Sie Mut zur Farbe und zum Muster! Wände sind die größten Flächen im Raum. Ihre Gestaltung trägt entscheidend dazu bei, ob wir uns in unseren eigenen vier Wänden wohlfühlen oder nicht. Mit Tapeten können Sie den Räumen Ihre persönliche Handschrift geben. Ein toller Hingucker sind beispielsweise Türdurchgänge, die Sie mit chicen Bordüren optisch verbreitern können.

Gerade auf klein gemusterte oder Struktur-Tapeten passen wunderbar Bilder. Man sollte aber immer darauf achten, dass entweder ihre Ober- oder Unterkanten auf gleicher horizontaler Linie liegen und ihr optischer Mittelpunkt immer in Augenhöhe ist. Erst recht, wenn Sie eine Bilderwand mit vielen kleinen und großen Formaten gestalten, ist es wichtig, durchgängig einer Ober- oder Unterkante zu folgen. Das erhöht die Harmonie eines Raumes. Besonders gut kann das gelingen, wenn sich ein paar Farbtöne der Bilder in der Tapete oder in den verwendeten Stoffen wiederfinden. Bilder brauchen keine weiße Wand, gegen die sie nur stumpf wirken würden. Im Gegenteil, je dunkler die Wand, umso leuchtender erscheinen sie.

Bordüren wurden in den letzten Jahren wieder entdeckt. Sie bereichern ganz fantastisch die Gestaltungsmöglichkeiten der Wände. Nicht nur, dass Sie optisch neue Dimensionen schaffen, sondern auch ausgesprochen elegante, dekorative Raumlösungen ermöglichen. Sie besitzen eine Art Passepartout-Wirkung, sie verschönern wie der Rahmen eines Bildes. Sie können aus einem Zimmer förmlich einen Salon zaubern.

Denken Sie immer daran, dass es bei der Gestaltung eines Raumes auf seine Gesamtwirkung ankommt. Auf die Harmonie aller verwendeten Farben und Muster. Von der Couch, der Tapete, von Tisch, Sessel, Stuhl, Gardine und Teppich bis zu den Bildern, Blumen, Bücherschränken und zur Tischdecke soll sich alles ergänzen und zusammen wirken, nichts kontrastieren oder auseinander treiben. Deswegen bleiben Sie bei einer Farbrichtung oder einer Einrichtungswelt. Mixen sie nicht wild drauf los! Sie sollen in einem angenehmen,

Dekorieren Sie nach den Jahreszeiten

stressfreien Ambiente leben, in dem sich's gut leben lässt und nicht das visuelle Chaos herrscht!

Übrigens, neben der rein optisch-ästhetischen Wirkung haben Tapeten eine weitere nicht zu unterschätzende Aufgabe: Sie bieten angenehmen Komfort. Sie sind sozusagen die letzte schützende, wärmende Haut eines Raumes, danach kommt der reine Verputz, das Bauwerk also. Sie können allein dadurch, dass sie an den Wänden Komfort und ein angenehmes Raumklima schaffen, die Wohn- und Lebensqualität Ihres Domizils entscheidend erhöhen.

Seien Sie nicht nur sorgfältig bei der Anschaffung und Kombination der großen, auffallenden Elemente in ihrer Wohnung. Dekorieren Sie nach den Jahreszeiten. Lassen Sie im Frühjahr den Duft von Frische und erwachender Natur herein, spielen Sie mit den Farben von Ostern und Pfingsten, lassen Sie bunte Bänder an weiß gekalkten oder gerade ersprießenden Weiden- oder Nussgerten flattern. Holen Sie sich im Herbst das Laub herein. Zusammen mit Kastanien und Kerzen gestalten sie Arrangements auf Tisch und Fensterbänken. Ein paar Hagebuttenzweige mit ihren kleinen, roten Früchten bilden hübsche, erfrischende Akzente.

Der Winter kann mit blauen und weißen Tönen eingeläutet werden. Ein hell- oder dunkelblau bemalter Korb und ein paar heller gestrichene Tannenzapfen, Nüsse, Zweige und ein paar blaue Kerzen reichen häufig aus, wohlige Stimmungsbilder zu zaubern.

Wohnen darf nie statisch sein. Arrangieren Sie immer wieder Kleinigkeiten neu. Kramen Sie den Kerzenleuchter vom Flohmarkt wieder hervor, daneben ein paar Trockenblumen, die alte Terrakotta-Schale, eine Vase oder das kleine, vergessene Holzkistchen oder den zersprungenen, kleinformatigen metallenen Porträtrahmen. – Das alles muss nicht ewig so arrangiert bleiben. Öfter mal was Neues oder neu Formiertes kann das Highlight ihres Wohnzimmers sein.

Inszenieren Sie ihre Räume, wie es Ihnen Spaß macht, denn Wohnen ist Gemütlichkeit, Wärme und Lebensqualität zugleich.

... und mit Borten und Bordüren

Mit Borten und Bordüren kann man wunderbar gestalten. Sie können sie als Sockel oder Deckenabschluss einsetzen oder aber, um den Raum zu unterteilen. Senkrecht verlaufende Muster verlangen geradezu nach einem Abschluss unter der Decke. Hohe Räume wirken niedriger, wenn man mit der Borte auf Abstand zur Decke geht, oder sie gleich mehrfach mit Borten gliedert. Beispeilsweise mit einer, die unter den Fensterbänken entlang läuft, und einer zweiten über der Tür.

Mit Borten kann man Türen und Fenster, Durchgänge und Ausblicke, aber auch Bilder und an der Wand stehende Schränke hervorheben und aufwerten. Wenn sie Ihren antiken Wandleuchter, ein besonders wertvolles Stück, stärker in den Blick rücken wollen, installieren Sie ihn auf einer möglichst tieftonig tapezierten Fläche und umgeben ihn mit der passenden Bordüre. Mit dieser Art von Kassettendesign lassen sich übrigens auch große Wandflächen sehr reizvoll brechen.

Der klassische Einsatzbereich der Borte ist die Verbindung unterschiedlich gemusterter Tapeten. Die Verbindung geschieht über die Aufnahme der Motive und Farben beider Tapeten. Moderne Tapetenkollektionen bieten eine Kombination aufeinander abgestimmter Tapeten und Borten oft sogar einschließlich der Vorhangstoffe an.

Bordüren verbinden nicht nur, sondern bringen das Thema der Tapeten auch auf den Punkt, schaffen Abwechslung und verdichten. Im Übrigen, wenn man einmal nicht so exakt gearbeitet hat, läßt sich mit der Borte allemal noch ein sauberer Abschluß finden.

Borten akzentuieren und geben einem Raum Halt. Sie können Zusammenhänge herstellen, indem Sie beispielsweise die Fußbodenleisten in der Hauptfarbe der Borte lackieren. Dasselbe können Sie auch mit Fenster und Türrahmen tun. Benutzen Sie für einen Raum nur immer ein Bordürendessin. Wenn Sie zwei nutzen wollen, sollten sie sich nur in der Dimension unterscheiden. Eine schmale für die Türumrandung, eine breite für den Sockel. Oder eine Variante des gleichen Themas: große und kleine Ranken. Nur so nehmen sie Bezug zueinander auf und verleihen dem Raum Charakter.

Beim Umgang mit Borten sind der Fantasie keine Grenzen gesetzt. Auch gemalte Wände kann man mit Bordüren aufpeppen. Wischen Sie ab und zu wie zufällig mit einem in die Flächenfarbe getunkten Tuch oder Schwamm über die Bordüre hinweg. Das gibt Ihrem Raum einen sehr schicken, antiken Touch. Solche kreativen Experimente passen besonders gut in das Landhausthema, das eine gute Portion Patina vertragen kann.

Sollten Sie zum Schluss noch ein paar Meter Bordüren übrig haben, werfen Sie sie nicht weg. Heben Sie sie zur Verpackung Ihrer Weihnachts- oder Geburtstagsgeschenke auf. Eine schmale, farbenfrohe Bordüre, einseitig oder kreuzweise um das Päckchen geschlungen, machen es hübsch und vor allem persönlich.

Beim Umgang mit Borten sind der Fantasie keine Grenzen gesetzt. Einerseits lassen sich damit leere Wände gliedern, andererseits Gegenstände darauf hervorheben.

Über die Lust am Tapezieren

Was muss man schon wissen, wenn man tapezieren möchte. Wir haben es alle schon einmal erlebt, wir wissen, wie es geht. Learning by doing? Tapezieren, sagt man, sei kinderleicht. Nein! Es macht kindlichen Spaß. Die alten Tapeten einweichen und das Papier von der Wand reißen, den kalkigen Duft der Wände riechen. Den Kleister schlagen bis er quillt, das Papier ausrollen und ritsch, ratsch mit der Schere abschneiden. Es pampig mit der triefenden Bürste einkleistern bis es schwer und gefügig wird.

Entscheidend, heißt es weiter, sei eine fachgerechte Vorbereitung des Untergrunds und die Beherrschung einiger Grundtechniken. Nein, im Gegenteil! Papier lebt. Es quillt, wird weich und geschmeidig. Andere Materialien verhalten sich in der Tat anders. Aber man kann es sehen und spüren und das tun, was es verlangt.

Dann auf die Leiter klettern, die erste Bahn anlegen, mit der Bürste andrücken und beim Drüberstreifen hören, wie sich das Papier mit der Wand verbindet. Die Ärmel hochkrempeln, schweigend und einvernehmlich sich aufeinander einspielen. Dann endlich die erste Flasche Bier öffnen und wie damals aus der Flasche trinken. Freunde einladen zum Mithelfen. Feinarbeiten: Kleben, collagieren, anzeichnen, ausschneiden, ansetzen, reißen, einschneiden, falzen. Alles Dinge, die uns von irgendwoher bekannt vorkommen. Die wir alle schon einmal in der Kindheit gemacht haben.

Mit den Händen über körnige Putzprägungen, leinenes Gewebe oder ungezähmte Fasern streichen. Die Arbeit fortschreiten sehen. Befriedigung empfinden. Stolz auf das Geleistete sein. Sich gut fühlen.

Nicht vieles ist so effektiv wie Tapezieren. Eben noch Rohbau, eben noch abgewohnte Wände und schon wenige Stunden später ein vollkommen neues Zuhause, eine Casa, eine Suite, eine Villa, ein Salon oder auch ein kühl repräsentatives Büro. Alles ist möglich. Die Wohnung wechseln wie die Kleidung. Sich immer wieder neu fühlen, in einem anderen Zuhause, in einer anderen Welt.

Vor dem Tapetenkauf, so wird empfohlen, solle man sich über die Stilrichtung, Farbigkeit und Musterung seiner neuen Wände klar sein. Das riesige Angebot wirke aber oft eher irritierend. Nicht jedoch, wenn Sie wissen, wie Sie sich zu Hause fühlen möchten. Wir haben die fantastische Welt der Tapeten für Sie durchgeschaut und geordnet. Blättern Sie durch die nachfolgenden Wohnwelten und lassen Sie sich von ihnen verzaubern.

Suchen Sie nicht nur nach Farben, sondern lassen Sie sich von der Stimmung der Oberflächen und Räume ansprechen. Warten Sie, bis Sie von dem Ambiente angezogen werden. Stellen Sie sich vor, wie Ihre Möbel darin wirken. In Ihrem Hornbach-Markt finden Sie das wahrlich riesige Tapeten Angebot in der gleichen Weise geordnet, so dass Sie nur noch ans entsprechende Regal gehen müssen.

Natürlich müssen Sie das eine oder andere planen, das richtige Werkzeug haben und wissen, wie viel Rollen Sie brauchen. Damit Sie wirklich Spaß beim Tapezieren haben, möchten wir Ihnen einige Tricks verraten, auf die Sie sonst vielleicht erst während oder nach getaner Arbeit aufmerksam würden; wenn Sie merken, dass Sie dies oder jenes hätten besser machen können, was Ihnen den Spaß dann doch noch verdirbt. Das wollen wir alle nicht.

Mit Tapeten können Sie nicht nur Atmosphäre und Ambiente schaffen, sondern auch Raumproportionen optisch verändern:

Sie können einen niedrigen Raum höher wirken lassen, wenn Sie ein senkrecht verlaufendes Muster über die volle Raumhöhe tapezieren, und die Decke hell anlegen und beleuchten.

Umgekehrt wirkt ein Raum niedriger, wenn Sie ein waagrecht verlaufendes Muster verwenden, nicht bis zur Decke tapezieren, Borten quer laufen lassen oder das Muster auf halber Höhe wechseln, die Decken dunkel anlegen und die Beleuchtung nach unten richten.

Farben sind dynamisch: Helle, leichte und kühle scheinen sich zu entfernen, dunkle, intensive und warme auf einen zuzukommen. Mit entsprechend eingesetzten Farben kann man einen Raum vergrößern oder verkleinern und tiefer oder breiter erscheinen lassen. Längs- oder quer gestreifte Decken verstärken den optischen Effekt entsprechend.

Ebenso lassen große und diagonale Muster einen Raum kleiner, kleinere Muster dagegen größer erscheinen. Große Muster kommen auf einen zu, kleine entfernen sich eher in die Tiefe des Raums.

Ihr Tapetenbedarf errechnet sich nach der einfachen Formel: Raumumfang mal Raumhöhe durch 5 (eine normale Tapetenrolle mit 0,53 m Breite und 10,05 m Länge reicht für 5 qm). Die Einsparungen bei Fenstern und Türen reichen für deren Laibungen und den rapportbedingten Verschnitt.

Die alten Tapeten sind nach dem Einweichen vollständig abzuziehen. Abblätternde Anstriche etc. je nach dem abwaschen, abschleifen oder ablaugen, Unebenheiten schließen und glätten. Saugende Putze mit Tiefengrund festigen, rauhe Putze mit Streichmakulatur glätten. Stark saugende Untergründe vorkleistern, für optisch anspruchsvolle Tapeten eventuell Untertapeten aufbringen.

Kleister: Je schwerer die Tapete, desto weniger Wasser dem Kleister beigeben, lieber dicken Kleister dünn auftragen als zu stark verdünnen. Den Kleister gut anrühren und quellen lassen bis er fast transparent geworden ist (ca. 30 min.). Angaben über die richtige Kleistersorte und Verarbeitung finden Sie auf dem Beipackzettel der Tapete.

Tapezieren: Bahnen 10 bis 15 cm länger als die Höhe des Raumes schneiden, gleichmäßig satt mit Quast oder Kleistergerät einkleistern, zusammenlegen und ca. 10 bis 15 Minuten, in jedem Fall aber alle Bahnen gleich lang einweichen lassen. Das eine Ende schlägt man, ohne zu knicken zu einem Drittel, das andere zu zwei Drittel um. Zum Tapezieren faltet man das kürzere Drittel auf, legt es mit ca. 2–3 cm Überstand zur Decke an, richtet die Tapete an der zuvor aufgezeichneten Lotlinie senkrecht aus und streicht die Bahn von oben her und von innen nach außen mit einer Bürste glatt. Dann läßt man die unteren zwei Drittel aus und fährt genauso fort.

Nachdem man die Überstände oben und unten abgeschnitten hat, setzt man die nächste Bahn auf Stoß und rapportgerecht an. Bei Innen- und Außenecken klebt man etwas um die Ecke herum und fährt mit einer neu aus-

geloteten Bahn fort. Am Fenster läßt man so viel Überbreite stehen, dass man damit die seitlichen Fensterlaibungen eindecken kann. An der Tür geht man analog vor und schneidet den seitlichen Überstand dann am Lineal entlang sauber ab.

Wenn Sie noch mehr über das Tapezieren wissen möchten, wenn Sie Freude an der Perfektion haben, empfehlen wir Ihnen das Hornbach-Buch "Heimwerken leicht gemacht". Dort finden Sie fast alles zum Selbermachen zu Hause und tatsächlich alles über Materialien, Werkzeuge, Vorarbeiten, Techniken und vor allem Tricks zur Lösung kniffliger Tapezierzonen wie beispielsweise Rundbögen.

Tipps:

- Beginnen Sie am besten am Fenster und fahren nach beiden Seiten fort. Sie beginnen zwar mit dem diffizilsten Teil der Arbeit, vermeiden aber all die Probleme, die auftreten, wenn Sie zuletzt am Fenster ankommen.

- Achten Sie darauf, dass auch die Ränder gut eingekleistert sind und beim Einweichen Kante auf Kante liegt, damit sie nicht austrocknen.

- Benutzen Sie bei empfindlichen Textil- oder Prägetapeten statt der Bürste eine weichere Moosgummi- oder Lammfellrolle zum Andrücken, um Beschädigungen der Tapete zu vermeiden.

- Kleine Blasen sind ganz normal. Wichtig sind ausgeglichene Temperaturverhältnisse. Versuchen Sie nicht, das Trocknen der Tapeten durch Zugluft oder Hochheizen zu beschleunigen. Alle Falten trocken über Nacht gleichmäßig weg.

- Schalten Sie unbedingt den Strom ab, wenn Sie über Schalter und Steckdosen tapezieren. Schneiden Sie über Schalter und Steckdosen die Tapete diagonal ein, dann passgenau drumherum und drücken sie fest.

Vlies - Die neue Tapete

Tapetenwechsel leicht gemacht

Mit Vlies-Textiltapeten macht Tapezieren erst richtig Spaß. Vliestapeten muss man anfassen. Sie bestehen aus hochwertigem Textilmaterial. Sie sind äußerst stabil und hautfreundlich. Ihr großer Vorteil liegt in der ausgesprochen leichten, ja geradezu eleganten Verarbeitung: Entweder nur die Tapete oder nur die Wand mit Kleister einstreichen, die Tapete an die Wand bringen und glatt streichen. Vlies muss man nicht einweichen. Auf Grund ihrer unübertroffenen Stabilität ist die Vliestapete jederzeit, auch noch nach Jahren, in einem Stück wieder von der Wand abziehbar. Und die Wand ohne große Vorbereitungen sofort wieder tapezierbereit. Tapetenwechsel leicht gemacht!

Vliestapeten gibt es von seidig sanft bis porös geprägt, vor allem stoffliche oder lederartige Effekte zeigen eine sehr edle Anmutung. Neben der ästhetischen Vielfalt zeichnen sich Wandbekleidungen auf Vliesbasis durch hohe Dimensionsstabilität aus, so dass sie kleine Risse und Abplatzungen überbrücken und kaschieren können.

Farbpaletten moderner Vliestapeten-Kollektionen

Tapezierwerkzeuge

Das wichtigste Arbeitsgerät ist zweifellos der Tapeziertisch (21). Man kann ihn sich leihen. Andererseits, gibt es einen besseren und universelleren Haushaltshelfer als diesen Archetyp des Klappmöbels? Er misst aufgeklappt immerhin drei, zusammengefaltet aber nur noch einen Meter. Wahrscheinlich haben Sie deshalb längst einen. Auch den Kunststoffeimer für den Kleister haben Sie bereits im Haushalt und der Stab zum Umrühren findet sich auch irgendwo. Überhaupt finden Sie das meiste, was Sie zum Tapezieren benötigen, in ihrem Haushalt einschließlich einer Stehleiter. Abdeckfolien, Klebeband, Lappen, Besen usw. sowieso.

Dennoch sollte man das Arbeitsgerät komplett haben, bevor man anfängt. Sie brauchen: Zollstock (4), Bleistift (11) und Lineal – am besten gleich ein Schneidlineal (7/8) – zum Abmessen und Anzeichnen. Zum Ablängen, Ausschneiden und Beschneiden zumindest eine Schere (19) und einen Cutter (17), besser wären ein langes, sogenanntes Haumesser (18) fürs Ablängen und zwei Scheren, eine große zum Zuschneiden und eine kleine (20) zum Ausschneiden. Für lange Längsschnitte empfiehlt sich eine Kantenschneidschiene (6), für Vliestapeten ein spezielles Doppelschnittmesser (5). Weiterhin brauchen Sie eine Bürste bzw. einen Quast (1) zum Einkleistern, für Vliestapeten besser eine Rolle (2), ein Senklot (10) zum Ausrichten der ersten Bahn und der Bahnen nach den Ecken. Ferner eine Bürste (14) oder eine Andruckrolle (12) zum Andrücken der Tapete und einen konischen Nahtroller (16), mit dem man die Tapetennähte schließt. Für diffizile Stellen gibt es spezielle Andrückspachtel (13) und Anpressprofile (9). Zur Beseitigung von überschüssigem Kleister sollten Sie einen Schwamm (3) , zumindest aber einen Lappen bereithalten.

Wenn Sie sich die Arbeit leichter machen wollen und auf Technologie stehen, besorgen sie sich einen Rollenhalter mit Zuschneider und einen Kleisterautomaten (15). Das Ablängen und Einkleistern der Bahnen geht dann fast wie von selbst und vor allem gleichmäßig und sauber.

1

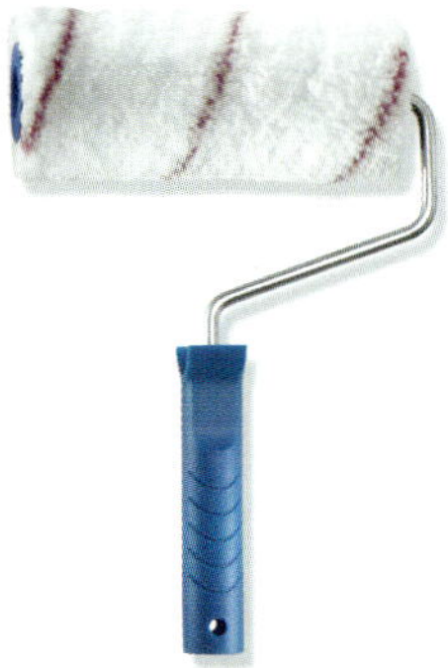
2

3

4

5

6

7

8

9

10

11

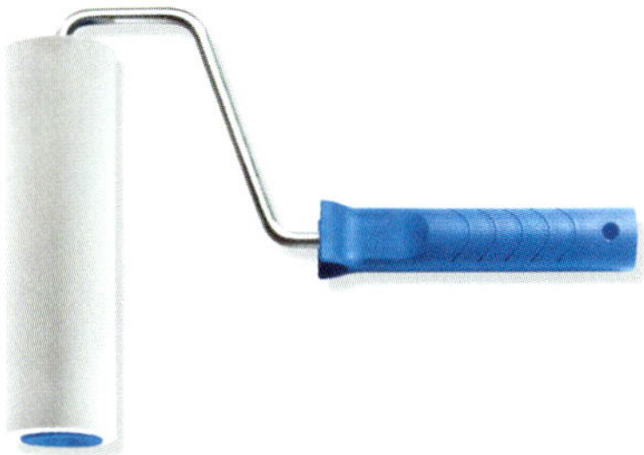
12

13

14

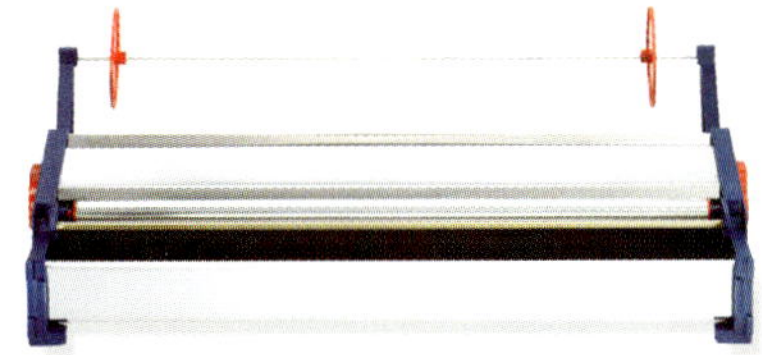
15

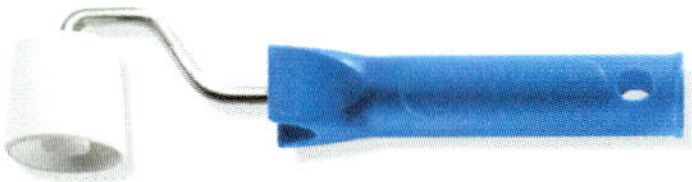
16

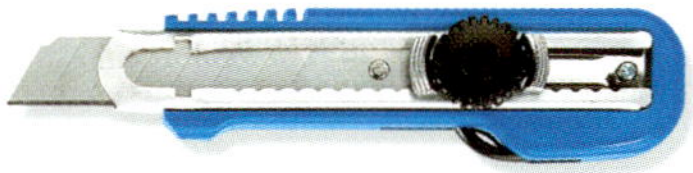
17

18

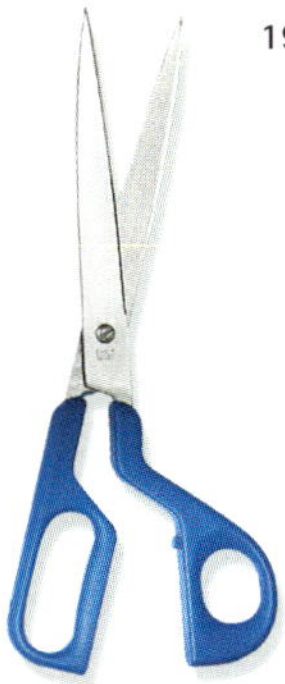
19

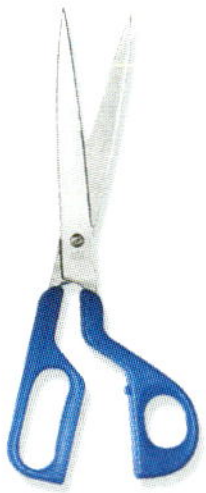
20

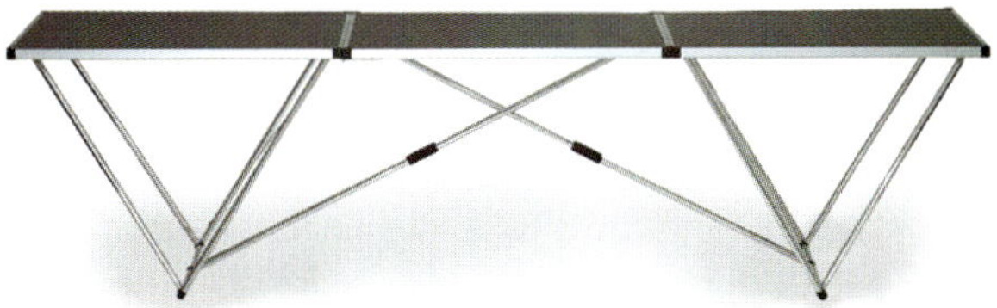
21

Tapetenwelten

Wohnen ist dynamisch. Wie man sich einrichtet, hat viel mit Temperament, noch mehr mit Gefühlen, aber auch mit Geschmack zu tun. Es gibt vier Einrichtungsstile, die für das gesamte Spektrum unserer Wohnwünsche stehen. Auf den folgenden Seiten haben wir die zugehörigen Tapeten aus dem aktuellen Oeuvre der Tapetenhersteller zusammengestellt und die Atmosphäre, die Farbigkeiten und Stimmungen eingefangen, die sie ausstrahlen. Lassen Sie sich davon gefangen nehmen. Tauchen Sie ein und finden Sie heraus, welcher Stil Ihnen am besten gefällt, wie Sie am liebsten wohnen würden, oder einfach, welcher Stil zu Ihnen passt und Ihre Gefühle und Einstellungen am besten wiedergibt.

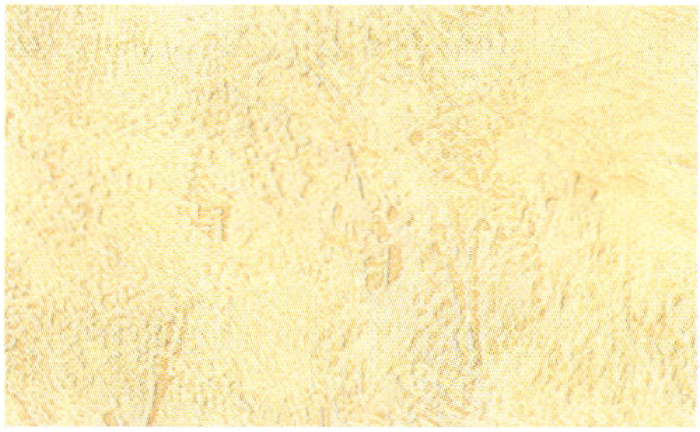

Landhaus

Wir lieben diese Welt, die nach Pasta und Lavendel riecht, wie roter Chianti und Capuccino schmeckt.

Die Palette der Farben stammt aus der Natur: Stroh- und Walnusstöne, Terracotta, himmlisches Blau und wässrige Azurfarben. Die Möbel sind aus Weichholz, die Lehnen der Sessel geflochten, die Tischplatte aus Mosaikintarsien, die Tapeten sehen aus wie patinöser Putz. Alles verströmt einen Hauch Savoir Vivre. In dieser Umgebung macht das Leben Spaß.

Romantik

Das Romantische ist ein wenig verspielt, gleichzeitig elegant und etwas statusbetonend.

Hier kommt es darauf an, dass alle Einrichtungselemente hauchzart aufeinander abgestimmt sind.

Die Farben sind fließend weich. Zarte Pastells oder warme Creme- und Champagnertöne. Die Wände können blass- oder altrosa, sanftgrün oder zartblau gemustert sein.

Modern

Modernes Leben genießt den Rhythmus der Zeit. Das Wohnambiente ist geprägt von großzügiger Bequemlichkeit.

Das Moderne zeigt immer nüchterne Aspekte, orientiert sich an Realität und Praktikabilität, zeigt dabei aber sehr viel Charme und Freundlichkeit.

Klar definierte Wandflächen bilden den Hintergrund für warmtonige Hölzer und elegante Stoffe.

Trend

Alles, was Trend ist, bewegt sich zwischen munterer Farbigkeit und architekturhafter Hightech-Ästhetik.

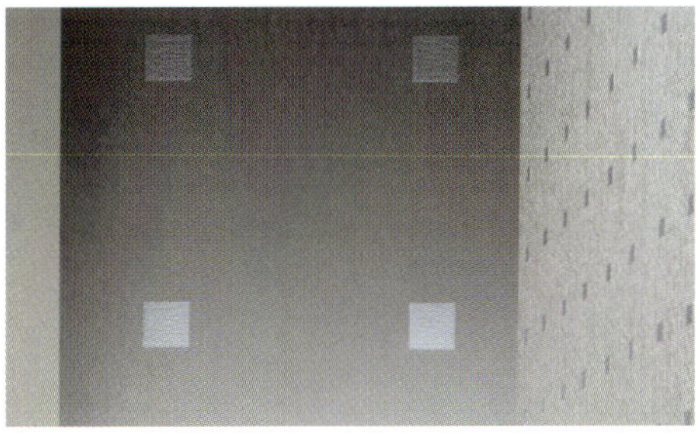

Das Trendgeschehen steht niemals still, es ist immer auf Gestaltungsexperiment aus. Mal gibt es sich witzig, ironisch und bunt, mal eher technoid, grau, metallisch oder sandig matt. Mit dem Trend zu leben und sich nach seinen Vorgaben einzurichten, bedeutet ebenso, die Schnörkellosigkeit und Gradlinigkeit wie das knallig poppige Experiment zu mögen.

Landhaus

Urlaub zu Hause

Der beliebteste Wohnstil unserer Zeit ist zweifelsohne der Landhausstil. Er bezieht seine Inspirationen von überall her und ist daher unerschöpflich facettenreich. Die stärksten Einflüsse kommen aus dem mediterranen Raum. Er ist nicht so sehr ein Stil im herkömmlichen Sinne, sondern eher eine Lebensart, ein Lebensgefühl. Kein kurzlebiger Wohntrend, sondern die Sehnsucht nach einem natürlichen Leben, einem ländlichen Ambiente. Der Wunsch nach einem schlichten und behaglichen Zuhause, nach harmonischer Einfachheit. Die Sehnsucht nach Wohlfühlen.

Das Landleben stimuliert und weckt die Sinne, und sinnliches Erleben ist wie Balsam für die Seele. Das Knarren der Holzdielen und Knistern der Korbstühle ist uns alles andere als lästig, im Gegenteil, es verspricht uns Ruhe, Entspannung und Abschalten vom Alltagsstress. Genauso wie kühle Terrakottafliesen, im Lufthauch säuselnde Vorhänge, flüsternd klirrendes Keramikgeschirr, die sonnige Wärme und Heiterkeit südlicher Farben. Im Gegensatz zu den modernen, technisch perfekten Oberflächen lässt das Natürliche und Handwerkliche die Dinge erleben, ja spüren. Nicht nur den Duft der Blumen, sondern auch die kalkige Frische einer roh verputzten Wand. Man betastet ihn bereits mit den Augen, diesen locker hingeworfenen körnigen Sand.

Es gibt kein Landhaus ohne diese Wände mit den verblassenden Tünchen und den malerisch aufgeriebenen Strukturen. Sie sind Erholungslandschaften für das Auge. Nichts scheint sie meisterhafter einfangen zu können als Tapeten.

Die Facette dieses längst urban gewordenen Einrichtungsstils reicht von toskanischer Folklore, ländlicher Rustikalität und bayerischer Gemütlichkeit bis hin zum englischen Cottage-Stil und dem Ried gedeckten Friesenhaus. Wärme, Gemütlichkeit, Heimeligkeit und familiäre Geborgenheit sind die stärksten Attribute dieses Wohlfühl-Wohnens.

Wohnen und Natürlichkeit bilden eine traditionelle Symbiose. Immer wieder zieht uns die gemütliche Farbwelt von Beige, Braun, Ocker und lichtem Grün an. Angenehm beruhigend und voller Fantasie verläuft das Leben in solchen Räumen. Es lädt dazu ein, mit Freunden und der Familie zusammen zu sitzen, und Geschichten aus alten und neuen Zeiten zu erzählen.

Bequem, manchmal ein wenig rustikal sind Möbel, Sessel, Sofas und Tische gestaltet. Die Rezepte von Speisen und Getränken stammen aus der Region. Die Mahlzeiten werden gemeinsam an großen, fast derben Esstischen zelebriert.

Leben, Arbeiten, Essen und Trinken geschieht in großer Runde. Das Nützliche und das Angenehme besitzen gleiche Wurzeln, das zeigt sich draußen und drinnen. Blumenbeete verlaufen neben Gemüsegarten und Kräuterecken. In der praktischen Küche lädt ein Sitzensemble mit Bank und kräftigen Naturholz-Stühlen zum Ausruhen und Vespern oder einfach nur zum Verweilen ein.

Das natürliche Wohnen muss nicht erlernt werden. Hier fühlen wir uns sofort heimisch. Schnell sind wir vom imaginären Duft frischen Heus, rohen Holzes, dampfender Erde eingenommen. Wie gut schmeckt hier frisches, noch warmes, kräftiges Brot, sanfter Wein und wohlriechender Kaffee.

Es gibt kein Landhaus ohne diese Wände mit den verblassenden Tünchen und den malerisch aufgeriebenen Strukturen. Sie sind Erholungslandschaften für das Auge. Nichts scheint sie meisterhafter einfangen zu können als Tapeten.

Wohnen und Natürlichkeit
bilden traditionell eine Symbiose.

Romantik

Farben Ihrer Seele

Mit Wohnen verbinden wir auch Rückzug, das Besinnliche, das Träumerische, Erinnerungen an fast Vergessenes und stilvolle Eleganz. Wir denken an lauschige Frühsommerabende, an leises, plätscherndes Wasser, an silbrig schimmerndes Mondlicht, aber auch an sanfte Farbklänge in Creme, Rosa und Bleu. Romantische Wohnstimmungen schwingen zwischen Reminiszenzen historischer Einrichtungsstile und traumhaftem, eher femininem Ambiente.

Das Romantische will immer bezaubern. Das bloß Nützliche ist auf das Notwendige beschränkt. Die Möbel sind eher zierlich, so zierlich wie die hell- bis mitteltonigen Farben fein und sanft aufeinander abgestimmt sind.

Die Muster sind vorwiegend floral angelegt mit Blüten- und Rankenmotiven oder kleinteilig bewegten, historischen Ornamenten. Auch die Tapeten folgen diesem romantischen Klang. Entweder bezaubert ihre lichtpastellige und zartschimmernde, perlige, beinahe transparente Tonigkeit oder eine verhaltene, rosé- und champagnerfarbige, auch hellblaue Verklärtheit und Sentimentalität. Das romantische Lebensgefühl ist immer voller Sehnsucht, die Menschen sind stets auf der Suche nach der "Blauen Blume".

Solcherart gestaltete Räume können sehr spielerisch und luftig wirken. Aber alles, was so leicht dahin gestreut aussieht, benötigt die sorgfältigsten Abwägungen und die stimmungsvollsten Einrichtungsvorgaben.

Wenn sie den romantischen Touch lieben, das Wohnen zwischen großzügigem dekorativem Ambiente und zarter, delikater Besinnlichkeit bevorzugen, dann werden sie besonders viel Wert auf die Komposition der Einrichtungselemente legen, denn auch hier gilt: Die Summe der liebevoll ausgesuchten Einzelstücke bildet den Gesamteindruck.

Gerade in unserer Zeit, in der alles immer schneller, lauter und hektischer wird, ist das Zuhause unser Rückzugsfeld. Hier müssen wir Energie tanken und unser inneres Gleichgewicht immer wieder von neuem herstellen. Hier müssen wir die Seele baumeln lassen können.

Es gibt kaum etwas schöneres, als sich mit der Gestaltung seiner Räume zu beschäftigen. Sie sind das Gehäuse, das uns wohlgesonnen umgibt. Hier sollen wir unsere Wohnideale so weit wie möglich verwirklichen.

Ein Grundregel lautet: Fülle geht vor Leere. Das meint: Machen sie aus Ihrer Wohnung kein Laboratorium, so rein, so leer, so nüchtern und seelenlos.

Sehen Sie die Wohnung als die zweite Hülle Ihrer Seele: erst Körper, dann Raum. Nehmen Sie das Wohnen wichtig. Folgen Sie Ihrem romantischen Bewusstsein und tapezieren die Wände tatsächlich mit blau-gelbroten Rankentapeten und Bordüren. Hängen Sie champagner-farbene Dekostoffe reich drapiert vor ihre Fenster. Ihre Tischleuchten haben rosa Schirme und entwickeln hautfreundliches, sanft schimmerndes Licht. Und Ihre Sofas sind offensiv mit elegantem rosa Samt überzogen. Geben Sie sich dem Genuss romantischer Farbigkeit hin!

Auch Ihre Freunde werden das zu schätzen wissen. Man hält sich immer dort gerne auf, wo's gemütlich und harmonisch ist. Sie genießen Wohnen als sinnliches Vergnügen, denn die Erlebnisqualität des Zuhauses ist genauso wichtig wie sein repräsentativer Nutzen.

Übrigens, ein wenig Patina, ein paar alte, neu erworbene oder ererbte antike Stücke, kann fast jede Wohnung gebrauchen. Denn Erinnerungen in Form eines Bildes, einer Uhr oder Kommode vermitteln einem Ambiente mehr als einen Hauch nostalgischer Eleganz, nämlich Authentizität und Persönlichkeit.

Deswegen ist es so angenehm und wohltuend, Individualität und Einzigartigkeit beim Betreten einer Wohnung zu erleben.

Das Romantische ist von zarter, delikater Besinnlichkeit.
Alle Einrichtungselemente schwingen und klingen in einer stilvoll
aufeinander abgestimmten, zarten Farbigkeit.

Ererbte Stücke vermitteln einem Ambiente mehr als einen Hauch nostalgischer Eleganz, nämlich Authenzität und Persönlichkeit. Umso mehr, wenn auch die Tapete in das Thema einstimmt.

Modern

Das Neue lieben

Die Moderne Wohnwelt spiegelt unsere Zeit. Wer sich "modern" einzurichten wünscht, möchte nicht Altes mit noch Älterem vermischen. Das Lebensgefühl basiert auf der Zeit in der man lebt, liebt, feiert, arbeitet und träumt. Der Zuschnitt der Räume ist recht eindeutig von Sachlichkeit und Nüchternheit, manchmal von bewusster Zurückhaltung geprägt. Die moderne Wohnwelt zelebriert man nicht, sondern geht sie mit Klarheit und auch mit etwas Understatement an.

Sie ist schnörkellos und gänzlich unaufgeregt. Davon künden die Formen der Möbel, aber auch die Wahl der Fensterdekoration und der Wandbekleidung. Die Regale, Schränke und Sideboards sind geradlinig gestaltet. Die Sessel, Couches und Stühle strahlen Gediegenheit aus. Bei den Tapeten beherrschen Strukturen, Kleingemustertes und Streifen das Bild.

Das koloristische Temperament des Modernen reicht von farbreduzierter Sachlichkeit, von Beige-, Weiß-, Grau- und Naturholztönen, die ab und zu blau, grün oder gelb akzentuiert werden, bis hin zu farblos gedeckten Grau-Tönen mit ab und zu einem Silber- oder Stahl-Glanz. Sie werden von Orange oder Nebel-Weiß, seltener auch von Türkis-Nuancen begleitet. Das Wohnen im modernen Ambiente benötigt viel Platz. Großvolumige Arrangements sind nicht gefragt. Der Raum soll durch seine beruhigende Dimension wirken, die nicht durch noch mehr Möbel und groß gewachsene Pflanzen gestört wird.

Das Ultramoderne gehört nicht hierher. Sogar ein wenig klassisch kann es zugehen. Das ist absolut kein Gegensatz, denn diese Stilwelt behält wegen ihrer sachlichen Gestaltmerkmale immer Aktualität. Auch eine sehr offensichtliche Modernität wird deshalb nicht so schnell unmodern werden.

Stoffe und Tapeten bilden eine Gestaltungseinheit. Da sie im Fensterbereich unmittelbare Nachbarn sind, kommt es auf die Abstimmung beider an. – Wenn die Tapete gemustert ist, dann suchen Sie am besten einen ungemusterten Vorhang dazu aus. Besteht das Vorhangdessin dagegen aus großen Karos, wird eine gestreifte Tapete sicherlich gut aussehen. Inzwischen bieten viele Tapetenkollektionen sorgfältig aufeinander abgestimmte Kombinationen von Stoff und Tapete an.

Das Moderne braucht keine wirklich lauten Akzente. Modernität ist nicht mit optischem Überschwang gleichzusetzen.

Wie bei fast allen Stilwelten gelingt es auch in diesem Ambiente am besten, Stimmungen über Pflanzen und Blumen zu stimulieren. Allerdings passen in dieses Ambiente keine Vasen und Töpfe aus Terrakotta. Langstieliger Flieder, große Blütenzweige auch ein bisschen Buschwerk von draußen können jedoch Wunder vollbringen.

Man sollte darauf achten, dass gerade in der modernen Einrichtungswelt genügend Textilien im Raum sind. Sie schaffen Atmosphäre und wohltuende Weichheit. Besonders im Winter, der Zeit der kalten und grauen Tage, suggerieren natürliche und textile Materialien ein Gefühl von Geborgenheit. Auch die Wände vertragen dann Weichheit und atmende Flächengebilde.

In modernen Haushalten wird immer mehr Platz für das Wohnbüro benötigt. Auch diese Arbeitsräume müssen "wohnenswert" und damit angenehm, nach Möglichkeit bequem und elegant ausgestattet sein. Separieren Sie nie zu sehr den Arbeitsbereich vom Wohnbereich, denn Sie wollen ja immer mit einem Auge und einem Ohr bei dem sein, was ringsum geschieht. Die Leitlinien für die Gestaltung ihrer Räume im Haus sollten immer von Ihrem Wohnumfeld inspiriert sein. Die Arbeitsräume sollen nur Satelitenfunktion haben. Sie sind nie die Hauptsache. Man sollte stets Wohnen und Wohn-Arbeitsplatz im Haus als eine stilistische Einheit betrachten. Die unterschiedlichen Funktionsattribute eines Esszimmers im Gegensatz zum Computer-Arbeitsplatz machen eine wohnliche Gestaltung schon kompliziert genug. Darum ist es richtig, Farben, Möbel, Wandgestaltung und Bodendesign aus einem einheitlichen Entwurf herzuleiten.

In einem modernen Ambiente können florale Elemente auf Bordüren und Gardinen einen stimmungsvollen Akzent setzen.

Two of the
fairest
stars in all
the heaven,

Oh speak again bright Angel, for thou art
as glorious to this night being o er my head,
as is a winged messenger of heaven

by night,

unto the white-upturned w
of mortals that fall back
when he bestrides the laz
and sails upon the bosom

Turn back
dull earth and
find thy
centre out.

In der modernen Stilwelt kann es auch ein wenig klassisch zugehen, wenn Reduziertheit und sachliche Elemente bestimmend bleiben.

Trend

Chic, cool und hip

Wer den Trend liebt, mag den Wechsel. Wer den Wechsel liebt, hat wenig Angst vor dem Experiment. Trendwohnen bedeutet, neue Tendenzen, Moden und street-style Entwicklungen aufzunehmen und in seine vier Wände zu übertragen. Dabei kommt es nicht darauf an, das ganze Haus mit Hightech und großen Möbel-Labels voll zu stopfen. Es kommt nur auf die eigene Kreativität und die Bereitschaft an, etwas Neues zu versuchen.

Die Trend-Einrichtung zeigt Erlebnisorientierung und Anders-Sein. Das Schöne, das Hässliche, das Elegante, Chice, Feierliche, Feminine, Maskuline sieht anders aus als beim arrivierten Ambiente. Trend ist immer Party und immer fantastisch, häufig jung und auch ein wenig verrückt.

Wenn Pink und Grau „in" ist, oder Rosé und Weiß, oder Grellgrün und Lila, dann sind das die Farben nicht nur für Autos und Bekleidung, sondern auch für Interieurs von Lofts, Flats und Appartements, dann sind es auch die Farben fürs Wohnen.

Trends sind unteilbar. Immer fallen sie durch ihre prägnante, junge (Noch-) Gegensätzlichkeit auf, bis sie zum Allgemeingut arriviert sind. Neue Optiken und Techniken verstärken Trendvorgänge. Crush-Tapeten und -Stoffe gehören mit ihren Faltungen und Knautschungen, neben den granulatbeschichteten, strukturhaften Oberflächen und den matten oder lackierten Gründen, eindeutig zu den Innovationen im Flächendesign. Im differenzierten Miteinander kommt ihre verblüffende Wirkung besonders gut zur Geltung. Matte Gründe erhalten neben glänzenden noch mehr Prägnanz. Glatte Flächen erfahren neben strukturierten oder geknautschten eine scheinbar noch größere Ebenmäßigkeit.

Das trendige Wohnen ist unkonventionell, entweder leicht und spielerisch, fantasievoll chic oder hightech cool. Ein hoher ästhetischer Reiz geht von angegrauten Weiß- und Silbertönen aus, die von tiefem Schwarz oder kräftigem Rot konturiert werden.

Gerade wenn es um innovatives, trendiges Wohnen geht, stellen wir fest, wie jung und ambitioniert die Tapete geblieben ist. Auch in dieser ausgesprochen designorientierten Einrichtungswelt gibt es Tapeten-Programme von hohem künstlerischen Wert, die mit hochwertigen Möbel- und Stoffkollektionen Schritt halten können. Großartige abstrakte, geometrische Muster, die von international renommierten Designern für die Tapetenmanufakturen entwickelt wurden. Gleichzeitig auch ausgezeichnete, fein ziselierte Bauhaus-Strukturen, feine lineare Zeichnungen und sehr reduzierte, elegante Textur-Optiken.

Alle diese Muster sind aktuelle Zeitdokumente. Ihre Dessinaturen passen zu den Materialien avantgardistischer Möbel und eignen sich insbesondere für den gehobenen Wohnbedarf, aber auch für eine high-style Bürolandschaft. Sie passen zu Chrom, mattiertem Aluminium und Edelstahl, aber auch zu satiniertem Glas und naturbelassener Eiche, zu heller Pappel oder dunklem, schokobraunem Wenge-Holz. Die Stoffe hierzu sind silbrig glänzend, halb- bis matt-opal. Sie sind teilweise weiß oder weiß-schwarz, sehen aus wie textile Gitter, gröbere Netze oder mittelfeiner Tüll.

Natürlich ist dieser internationale Stil großstädtisch angelegt. Er passt zu unserer Computer- und virtuellen Wohn- und Arbeitsumgebung. Klar ist diese Welt ein wenig cool und distanziert, aber sie ist auch spannend und intensiv.

Das Einrichtungsthema Trend ist nicht nur für Hedonisten und den Jet-Set en vogue, sondern auch für diejenigen, die die Suche nach dem Abenteuer auf ihre eigenen vier Wände projizieren.

Wohnen kann ungeheuer spannend und anregend sein, besonders dann, wenn man der Zeit um einiges voraus ist.

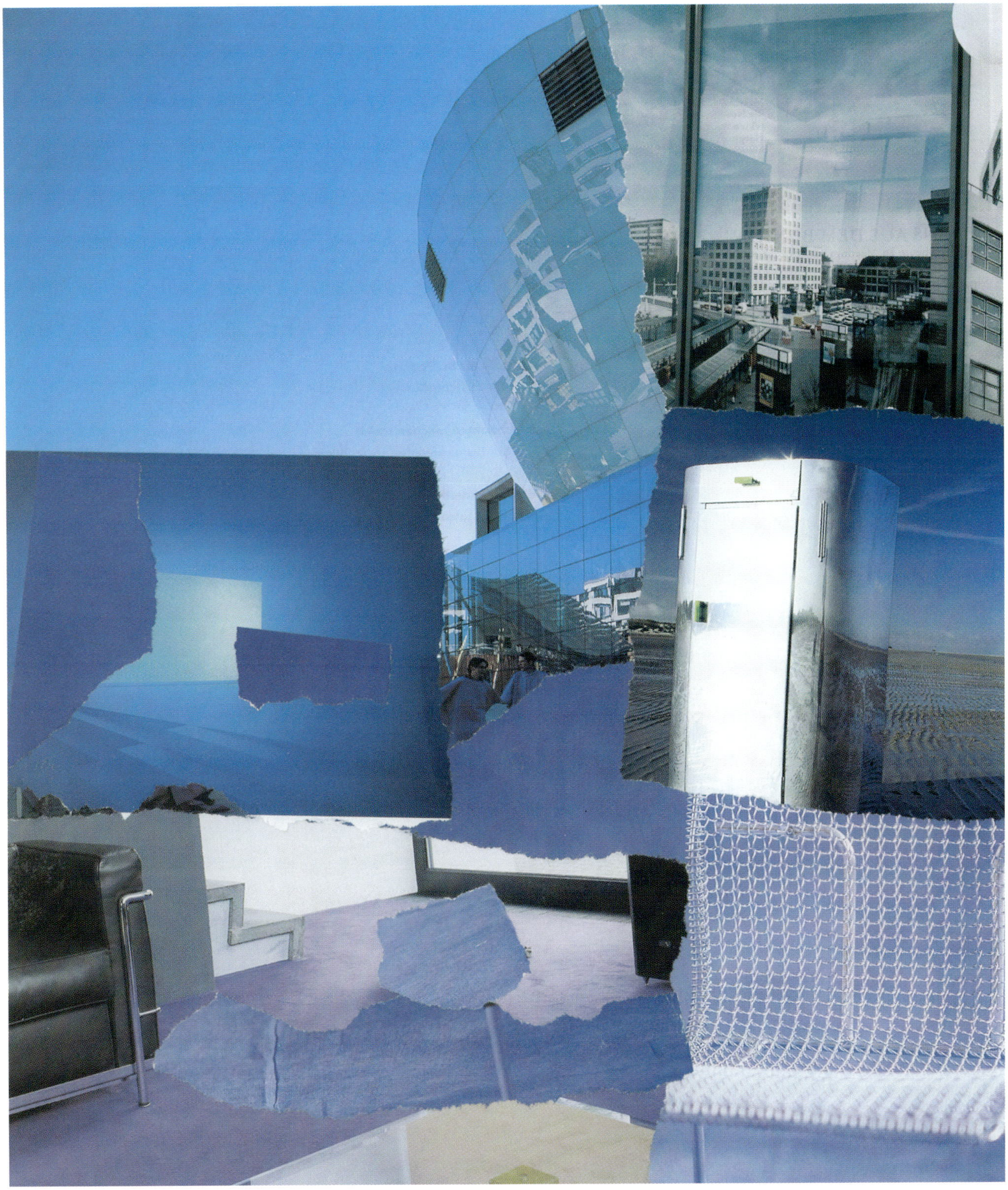

Fotos: Rudolf Schmutz, jun., Hamburg

Fotos: Rudolf Schmutz, jun., Hamburg

Bauhaustapeten:
Materialstrukturen als Muster

Das von Walter Gropius in Dessau errichtete Bauhaus (1919–1933) war die bedeutendste Kunstschule des 20. Jahrhunderts.
Mit dem Bauhaus beginnt das moderne Design.

Glossar

Tapetenarten und Tapetensymbole

Tapeten werden in der Regel nach dem Material, aus dem sie bestehen, benannt. Je nach Material aber unterscheiden sich ihre Eigenschaften und die Art ihrer Verarbeitung erheblich. Sie werden mit Kleister oder Kleber eingeweicht oder nur bestrichen, lassen sich ablösen oder spaltbar trocken abziehen.

Spaltbare hinterlassen eine Papierschicht, die eine ideale Grundlage für eine neue Tapete bildet. Die meisten Tapeten sind mit Symbolen nach der so genannten Euro-Norm gekennzeichnet, die Sie über ihre Eigenschaften und die angemessene Verarbeitung informieren.

Tapetenarten

Papiertapeten

- Makulatur: gut deckende glatte Papierbahnen für den Untergrund
- Bedrucktes, oft leicht geprägtes Recyclingpapier
- Rauhfasertapeten: zwischen zwei Papierschichten in unterschiedlicher Form und Größe eingestreute Holzspäne
- Prägetapeten: gleichzeitig bedruckt und reliefartig geprägt, aber auch stark plastisch geprägte unbedruckte Papiere zum Überstreichen

Flach- bzw. Glattvinyltapeten

- PVC auf Papierträger auch mit Metallic-Pigmenten

Strukturtapeten (auch Profil- und Relieftapeten genannt)

- Struktur-Vinyl-Tapeten: 3dimensional reliefartig expandierte Kunststoffoberfläche (PVC, PE) auf Papier
- Faservlies-Strukturtapeten: geschäumtes PVC auf Vlies aus Zellstoff und synthetischen Fasern, unbedruckt zum Überstreichen

Vliestapeten

- formfestes Textilgewebe aus Zellstoff und synthetischen Fasern

Textiltapeten

- auf Papierträger kaschierte Textilgewebe oder Kettfadengewebe

Velourstapeten

- in edlen Mustern samtartig auf Flachvinyl aufgeflockte Fasern

Glasfasertapeten

- extrem robuste, formstabile Glasfasergewebe

Materialtapeten

- Korktapeten: auf mit Kleber lackiertem Papier aufgelegte Korkfurniere
- Metall- bzw. Metallic-Tapeten: auf Papierträger aufkaschierte dünne Metallfolien
- Gras- (Japangras), Rupfen-, Seiden- und andere Naturstofftapeten

Tapetensymbole und ihre Bedeutung

Wasserbeständig
Frische Kleisterflecke können mit dem feuchten Schwamm abgetupft werden.

Waschbeständig
Leichte Verschmutzungen können mit einem feuchten Schwamm entfernt werden.

Hochwaschbeständig
Verschmutzungen, außer Ölen, Fetten usw., können mit leichter Seifenlauge und Schwamm entfernt werden.

Scheuerbeständig
Wasserlöslicher Schmutz ist mit leichter Seifenlauge oder mildem Scheuermittel und Schwamm oder weicher Bürste entfernbar.

Hochscheuerbeständig
Auch starke Verschmutzungen, einschließlich Öle und Fette, können durch intensive Behandlung entfernt werden.

Ausreichend lichtbeständig

Befriedigend lichtbeständig

Gut lichtbeständig

Sehr gut lichtbeständig

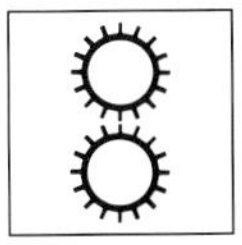

Ausgezeichnet lichtbeständig
(Die Kriterien für Lichtbeständigkeit entsprechen weitgehend der internationalen Wollskala der Textilprüfung)

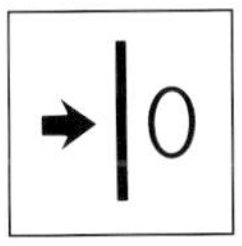

Ansatzfrei
Muster brauchen beim Zuschneiden und Kleben nicht beachtet werden.

Gerader Ansatz
Gleiche Muster in gleicher Höhe nebeneinander kleben. Der Rapport ist in cm angegeben.

Versetzter Ansatz
Das Muster auf der nächsten Bahn jeweils um eine halbe Musterhöhe verschieben. Rapport und Versatz sind in cm angegeben.

Gestürztes Kleben
Jede zweite Bahn auf den Kopf stellen.

Tapete einkleistern

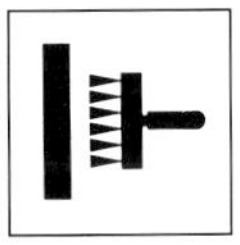

Wand einkleistern
Nicht die Tapetenrückseite, sondern den Untergrund mit Kleister oder Kleber einstreichen.

Vorgekleistert
Die Tapetenrückseite ist mit Kleister vorbeschichtet, der durch Wasser aktiviert wird.

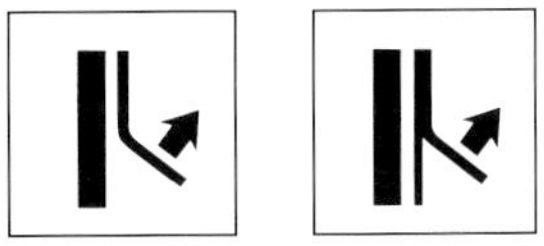

Restlos oder spaltbar trocken abziehbar
Die Oberschicht der Tapete ist trocken abziehbar (links). Die untere Schicht verbleibt als Makulatur auf der Wand (rechts).

Nass zu entfernen
Tapete mit Wasser gründlich einweichen und mit dem Spachtel entfernen.

Dupliert
Hochwertige Prägetapete aus zwei aufeinander kaschierten Papierschichten. Die Prägung bleibt beim Tapezieren stabil.

Stoßfest
Bezeichnung für besonders widerstandsfähige Spezialbeläge mit hart-elastischer Oberfläche.

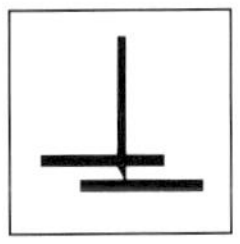

Überlappung und Doppelnahtschnitt
Ansatzfreie, schwere Wandbeläge überlappen um ca. 5–8 cm und werden freihand mit dem Gleitfußmesser geschnitten.

Literaturverzeichnis

- Barthelmeh V., **Kunst an der Wand**, Frankfurt, 2. Aufl. 1981
- Benad M., **Farbgestaltung**, Stuttgart, München, 2001
- Calloway S., **Art Deco**, London, 1988
- Calloway S., **Art Deco Designs**, London, 1988
- Deutsches Tapeteninstitut (Hrsg.), **Tapeten My Home ...**, Frankfurt, 2000
- Friedl F., Ohlhauser G., **Das gewöhnliche Design**, Köln, 1979
- Frieling H., **Gesetz der Farbe**, Göttingen, 2001
- Frieling H., **Mensch und Farbe**, München, 3. Aufl. 1975
- Frieling H., Browers E.L., Knecht S., **Lebendige Farbe**, Frankfurt, Zürich, 1974
- Gage J., **Kulturgeschichte der Farbe**, Ravensburg, 1997
- Guild T., white hot, **Das neue Wohngefühl**, München, 1999
- Hapgood M.O., **Tapeten**, Weingarten, 1992
- Heller E., **Wie Farben wirken**, Reinbek bei Hamburg, 10. Aufl. 1999
- Hornbach, **Heimwerken leicht gemacht**, München, 2002
- Jones O., **Die Grammatik der Ornamente**, Köln, 1995
- Kieselbach B., **Bauhaustapete**, Köln, 1995
- Klinger J., **Wandmalerei heute**, München, 1999
- Koopps J., Marcus J., **Decorated Paper Designs**, Amsterdam, 1997
- Küppers H., **Harmonielehre der Farben**, Köln, 2. Aufl. 1999
- Küthe E., Venn A., **Marketing mit Farben**, Köln, 1995
- Reihe Selbst ist der Mann, **Tapezieren und Malen**, Rastatt, 1998
- Scattergood E., **Individuelles Wohnen**, Köln, 2001
- Tapetenfabrik Gebr. Rasch (Hrsg.), **Zeitwände**, Bramsche, 1992
- Venn A., **Color Kaleidoscope**, Overath bei Köln, 1999
- Venn A., Häberle C., **Innovation**, Naumburg, 1999
- Venn A., Ohlhauser G., **Farbiges Wohnen - aber wie!**, Naumburg, 2000
- Venn A., Schmitmeier H., **Landhausstile zum Wohlfühlen**, Köln, 2000
- Wichmann H., **Von Morris bis Memphis**, Basel, 1990

Abbildungsnachweis

Die Abbildungen erscheinen mit freundlicher Genehmigung der Rechteinhaber. Wo diese nicht ausfindig gemacht werden konnten, werden Ansprüche gegebenenfalls im Rahmen der üblichen Vereinbarungen abgegolten.

Für die großzügige Überlassung von Fotos und Originaltapeten danken wir folgenden Unternehmen und Personen:

S. 16/17, **MarburgerTapetenfabrik** (Originaltapete)
S. 18, **Gebr. Rasch**
S. 19, **Gebr. Rasch**
S. 22, **A.S. Creation**
S. 23 links, **A.S. Creation**
S. 23 Mitte u. rechts, **Marburger Tapetenfabrik**
S. 25 links, **Marburger Tapetenfabrik**
S. 25 rechts, **A.S. Creation**
S. 27, **Marburger Tapetenfabrik**
S. 30/31, **Color Expert Westex GmbH**
S. 33 rechts unten, **Marburger Tapetenfabrik**, Rudolf Schmutz, jun., Hamburg
S. 90, Thomas Kleber

Folgende Abbildungen sind der Literatur entnommen:

S. 6/7, **Tapeten**, S. 68/69
S. 9, **Tapeten**, S. 86
S. 10, **Tapeten**, S. 116
S. 11, **Tapeten**, S. 133
S. 12, **Tapeten**, S. 149 u. S. 190
S. 13 links, **Art Deco Designs**, Plate 38
S. 13 rechts, **Tapeten**, S. 165
S. 14, **Tapeten**, S. 233
S. 15, **Tapeten**, S. 184
S. 21, **Zeitwände**, S. 57

S.93, Die Erklärung der Tapetensymbole ist größtenteils aus „Tapeten My Home ..." zitiert.

Alle abgebildeten Tapeten und alle aktuellen Tapetenkollektionen gibt es in den Hornbach Bau- und Gartenmärkten.

Drucktechnisch bedingt kann es bei der Wiedergabe der abgebildeten Tapeten zu geringfügigen Farbabweichungen kommen. Die Originaltapeten finden Sie in den Hornbach Bau- und Gartenmärkten.

Die Ratschläge und Empfehlungen dieses Buches wurden nach bestem Wissen und Gewissen erarbeitet und überprüft. Dennoch kann keine Gewähr für ihre Richtigkeit übernommen werden. Eine Haftung der Autoren und des Verlages für Personen-, Sach- und Vermögensschäden, die sich dennoch aus ihrer Verwendung ergeben, ist ausgeschlossen.

Herstellernachweis

(mit den Artikelnummern der abgebildeten Produkte)

S. 28 **Coswig**, Côté Couleurs, Koll. Napoli
S. 29 **Coswig**, Côté Couleurs, Koll. Sorrento
S. 32 li. **A.S. Creation**, Veneto, 9665–13
S. 32 re. **Marburg**, Miss Lizzi, 61310
S. 33 li. **Rasch**, Poetry, 416 879
S. 36/37 **A.S. Creation**, Veneto, 9661–55
S. 38 **A.S. Creation**, Veneto, Foto: 9667–11(Tap. unten), 9668–10 (Tap. oben), 9666–12 (Borte)
S. 39 **A.S. Creation**, Veneto, 9664–45
S. 40 **A.S. Creation**, Veneto, 9665–13 (Tap.), 9663–15 (Borte)
S. 41 **A.S. Creation**, Veneto, 9664–14, Foto: 9665–13 (Tap. unten), 9664–14 (Tap. oben), 9663–15 (Borte)
S. 42 **A.S. Creation**, Veneto, Foto: 9661–17 (Tap. unten), 9661–24 (Tap. oben), 9659–29 (Borte)
S. 43 **A.S. Creation**, Veneto, 9661–24 (Tap.), 9659–29 (Borte)
S. 44 **Coswig**, Wohndecor, 564 69 211 (Tap.), 514 86 897 (Borte)
S. 45 **Coswig**, Lady, Foto: Nr. 573 09 528 (Tap. links), 573 07 526 (Tap. rechts unten), 573 06 530 (Tap. rechts oben), 573 08 529 (Borte), 174 02 572 (Stoff)
S. 46 **Coswig**, Wohndecor, 100 90 57
S. 47 **Coswig**, Wohndecor, 100 90 56 (Tap.), 100 85 57 (Borte)
S. 50, **Rasch**, Daydream, Foto: 170 641 (Tap. unten), 170 245 (Tap. oben, 170 849 (Borte),170 412 (Tap. hinten), 820 216 (Gardine)
S. 51 **Rasch**, Daydream, 170 641 (Tap.), 170 726 (Borte)
S. 52 **Rasch**, Poetry, 416 206 (Borte)
S. 53 **Rasch**, Poetry, 416 305 (Tap.), Foto: 416 541/416 572/416 565 (Flächen)
S. 54 **Marburg**, Miss Lizzi, Foto: 61302 (Blümchen), 61306 (Ranken), 61310 (Borte), 61365 (Karos)
S. 55 **Marburg**, Miss Lizzi, 61302 (Blümchen), 61310 (Borte), 61353 (Streifen), 61365 (Karos)
S. 56 **Marburg**, Miss Lizzi, Foto: 61315 (Tap. links), 61356 (Tap. rechts unten), 61340 (Tap. rechts oben), 61317 (Borte)
S. 57 **Marburg**, Miss Lizzi, 61356 (Tap.), 61317 (Borte)
S. 58/59 **Marburg**, Miss Lizzi, 61331
S. 60 **A.S. Creation**, Living Walls, Carta Velina, 9504-13, Foto: 9508–19 (Tap. links), 9507–10 (Tap. rechts), 9503–14 (Borte)
S. 61 **Rasch**, Daydream, Foto: 170 412
S. 62 **Rasch**, Belina, 425 109
S. 63 **Rasch**, Belina, 425 307
S. 66 **Rasch**, Poetry, 416 510 (braun), 416 527 (grau), 416 350 (gelb), 416 213 (Borte), 870 212 (Gardine)
S. 67 **Rasch**, Poetry, 416 510 (braun), 416 527 (grau)
S. 68 **Rasch**, Poetry, 416 251 (Tap.), 416 626 (Borte)
S. 69 **Rasch**, Poetry, 416 565
S. 70 **Rasch**, Poetry, Foto: 416 930 (Tap. unten), 416 879 (Tap. oben), 416 770 (Borte), 870 236 (Gardine)
S. 71 **Rasch**, Poetry, 416 879
S. 72 **A.S. Creation**, Living Walls, Alcudia, 9384–66
S. 73 **Coswig**, New Classics, 1902–05
S. 74 **Coswig**, New Classics, 1630–02
S. 75 **Coswig**, New Classics, 1628–09
S. 76 **A.S. Creation**, Living Walls, Carta Velina, 9498–20
S. 77 **A.S. Creation**, Living Walls, Carta Velina, Foto: 9498–20 (Tap. links), 9502–22 (Tap. rechts), 9497–21 (Borte), 9501–23 (Tap. hinten)
S. 80 **Marburg**, Ulf Moritz, Fotos: Natural Crush 60922 (Tap. unten li.), Longo Crush 60940 (Tap. oben re.), Silk Paper Crush 60954 (Tap. oben re.), 60957 (Tap. unten re.)
S. 81 **Marburg**, Ulf Moritz, Fotos: Plissee Crush, 60960 (weiß), 60961 (gelb), 60962 (dkl. grau) ,
S. 82 **Marburg**, Ulf Moritz, Foto: 70857 (groß), 70859 (klein)
S. 83 **Marburg**, Ulf Moritz, Foto: 1723 (Tap. links), 70873 (Tap. hinten), 70872 (Tap. rechts)
S. 84 **Marburg**, Ulf Moritz, Foto: 70808
S. 85 **Marburg**, Ulf Moritz, Foto: 70822
S. 86 **Marburg**, Ulf Moritz, Foto: 70858
S. 87 **Marburg**, Ulf Moritz, 70858 (Kreis), 1732 (rot)
S. 88 **Rasch**, SEN-SU-AL, 415 496
S. 89 **Rasch**, SEN-SU-AL, 415 438 (Tap.), 415 278 (Borte),
S. 90/91 **Rasch**, Bauhaus, 735 314 (blasstürkis), 735 182 (ocker), 735 635 (creme)